QUELQUES IDÉES

EXTRAITES D'UN OUVRAGE MANUSCRIT,

INTITULÉ :

NOUVEAU SYSTÈME SUR LES FINANCES,

ADAPTÉ

A LA MONARCHIE CONSTITUTIONNELLE.

PAR M.ᶜ G.-J. ANDRÉ-PONTIER,

Avocat à la Cour Royale de Paris.

———

PARIS,

ADRIEN EGRON, IMPRIMEUR

DE S. A. R. MONSEIGNEUR DUC D'ANGOULÊME,

rue des Noyers, N.ᵒ 37.

1816.

QUELQUES IDÉES

EXTRAITES D'UN OUVRAGE MANUSCRIT,

INTITULÉ:

NOUVEAU SYSTÈME
SUR LES FINANCES,

ADAPTÉ

A LA MONARCHIE CONSTITUTIONNELLE.

L'ANGLETERRE ayant imaginé un nouveau système de finances, par le moyen duquel elle a obtenu un crédit incommensurable, qui lui assigne le premier rang entre toutes les puissances, la France et les autres états imiteront son système de finances, s'ils veulent jouir de tout le crédit que comportent leurs moyens, et valoir tout ce qu'ils peuvent valoir. Efforçons-nous donc de dérober à l'Angleterre le secret de la mécanique de son crédit.

Le nœud étonnant qui rassemble les trois pouvoirs en Angleterre, est la liaison de toutes les fortunes privées à la fortune publique; une dette publique tient si essentiellement à la nature de ce gouvernement, que s'il n'en exitait pas, il faudrait en créer une. Il faut que tous, ou la majeure partie de ceux qui possèdent, y prennent un intérêt à proportion de leur fortune : s'y refuser, ce serait se déclarer indigne de jouir des avantages de ce gouvernement; il ne faut pas considérer les finances isolément, il faut les considérer dans les rapports qu'elles ont avec le gouvernement qu'on établit.

La convention, en mobilisant toute la dette publique qui était constituée, et en la rendant toute négociable par sa conversion en inscriptions sur le grand livre de la dette publique, a trop multiplié les effets négociables : ce qui nuit considérablement au crédit, qui est toujours naturellement très-faible pendant les crises d'une révolution durant laquelle les esprits sont dans une continuelle perplexité.

Quand on a formé la caisse de la Farge, c'était cependant aux approches de la tourmente révolutionnaire; on a admis d'anciens contrats en payement des actions : ces anciens contrats qui perdaient de trente-six à quarante pour cent, ont par cet emploi monté au pair. On voit donc par là l'effet heureux que peut opérer sur la place le retirement d'un nombre d'effets négociables, quand une surabondance les déprécie.

Il faudrait faire entendre aux propriétaires, qu'en s'intéressant dans la dette publique à immobiliser, pour une somme proportionnée à la va-

(5)

leur de leur propriété, et dont la quotité serait réglée suivant ce qui serait jugé nécessaire pour désobstruer la place surchargée d'une trop grande quantité d'effets négociables, ce serait une grande preuve qu'ils pourraient donner de leur sincère attachement au gouvernement, qu'ils se font un devoir de chérir.

Quant aux propriétaires fonciers dont les propriétés sont grevées de dettes qui en absorbent toute la valeur, dans ce cas on ne peut les considérer que comme ayant la propriété directe : la propriété utile appartient aux créanciers. Si dans ce cas le propriétaire ne payait pas la contribution foncière, il faudrait bien que les créanciers qui jouissent véritablement des fruits de l'immeuble, en payassent les contributions ou en souffrissent au moins le prélèvement ; par conséquent il faut qu'ils annexent à la propriété qui leur est hypothéquée une somme en inscriptions immobilisées, dans la proportion déterminée pour toutes les propriétés.

On pourrait aussi mettre pour condition à la vente d'un immeuble, que l'aliénation ne pourrait s'en effectuer, à quelque titre que s'en fît la transmission, même par succession, qu'en annexant à l'immeuble vendu, soit de la part du vendeur, soit de la part de l'acquéreur, une somme en inscriptions immobilisées, dans la proportion réglée uniformément pour tous.

Quelques personnes objectent qu'il ne serait pas juste d'obliger les propriétaires fonciers seulement de se charger des inscriptions à immobiliser, que les porteurs d'inscriptions devraient aussi être soumis à l'immobilisation d'une partie de leurs inscriptions, dans la même proportion; que s'ils perdaient d'un côté ils y gagneraient de l'autre, parce que le cours de leurs inscriptions mobilières monterait au pair.

D'autres personnes pensent que cette mesure de salut public devrait s'appliquer à toutes les espèces de propriétés : ce qui serait conforme aux règles d'une exacte justice, et ce qui rendrait pour chacun cette charge moins sensible, chacun étant placé dans la même catégorie, personne n'aurait droit de se plaindre.

Les propriétaires fonciers et autres qui feront immobiliser de la dette publique, payant une contribution d'un cinquième pour cette propriété, cette contribution fournirait un fonds qui augmenterait celui d'amortissement, ou servirait à faire un fonds pour l'amortissement et les intérets des nouvelles inscriptions à émettre pour alléger le poids des contributions.

Il n'est pas difficile de se convaincre que si on pouvait faire monter au pair les inscriptions mobilières, il en résulterait des avantages inappréciables, et le gouvernement pourrait se libérer plus facilement, plus promptement et sans perte, de ce qu'il doit aux alliés.

De tous les citoyens, c'est surtout les fonctionnaires publics qui doivent avoir les liaisons les plus intimes avec le gouvernement, même à raison de leur fortune; un très-grand nombre ont payé un cautionnement, ne pourrait-on pas aussi obliger les fonctionnaires publics, non soumis à fournir un cautionnement, de justifier qu'ils sont propriétaires d'inscriptions immobilières pour une valeur en rentes équivalentes à un tiers de leurs traitement? Je ne vois pas ce que cette mesure aurait d'injuste et d'impraticable; avant la révolution les fonctionnaires publics dont je parle étaient en charge : cette propriété serait une garantie de leur conduite, comme l'était autrefois la finance de leur charge; ils en seraient d'autant plus attachés au gouvernement.

Un auxiliaire que je propose pour diminuer la masse des effets négociables, ce serait de convertir des inscriptions au gré des porteurs en une sorte d'effet, dont le sort principal s'éteindrait sans que le gouvernement fût tenu de faire un remboursement.

On pourrait admettre les inscriptions mobilières dans des tontines distribuées par classes de 3o têtes, en laissant aux porteurs d'inscriptions qui voudraient faire ce placement, la faculté de se placer dans une classe de trente têtes de même âge et de même sexe, ou dans une classe de différens âges et de différent sexe; il est naturel à chaque homme de croire qu'il fournira une plus longue carrière que les autres, et je ne doute pas que de pareilles tontines, vu le bas prix des inscriptions, ne présentassent assez d'intérêt pour retirer du négoce un grand nombre d'effets de la dette publique mobilière.

On sait bien que le crédit auquel chaque état peut atteindre a ses bornes, mais nous devons tendre à jouir de tout le crédit auquel nos moyens nous donnent droit de prétendre. Un petit état ne peut pas parvenir à avoir un crédit aussi étendu que celui d'un grand état, et un grand état ne peut parvenir qu'au degré de crédit que comportent ses richesses, l'étendue de son commerce, la fertilité de son territoire, et la force de son industrie; la France ne peut pas espérer de parvenir au même apogée de crédit que l'Angleterre, mais chaque état doit chercher à valoir tout ce qu'il peut valoir. Si on veut comparer notre dette avec nos ressources, on se convaincra que notre dette est encore bien loin de les absorber. Il ne s'agit que de mettre tous ceux qui ont quelque chose dans une position qui les rende intéressés à coopérer à l'établissement du crédit; et dans tous les cas s'il arrivait des revers, des calamités si grandes, que notre dette ne fût plus en rapport avec nos moyens, chacun ayant intérêt à l'acquittement exact de la dette, serait disposé à faire les sacrifices nécessaires pour rétablir l'équilibre; on n'écraserait pas la classe des créanciers de l'état, sous le prétexte qu'elle est la moins nombreuse et la moins intéressante.

Il serait bien impossible de trouver chez les seuls capitalistes de Paris les sept cent millions de contribution de guerre, et de quoi satisfaire encore aux autres charges qui nous ont été imposées, il faut nécessairement le concours de tous les capitalistes de la France. Aux grands maux il faut appliquer de grands remèdes; quand tous peuvent être atteints, plus ou moins, selon qu'ils ont plus ou moins à perdre, il faut que tous viennent au secours de l'état, à proportion de leurs moyens; et comme avec une fortune égale, l'un peut avoir de l'argent en réserve, et l'autre peut n'en avoir pas du tout, il faut une combinaison de moyens telle que ceux qui manquent d'argent, pour fournir leur contingent de secours, en trouve chez ceux qui en ont plus qu'il ne leur en faut pour fournir le même contingent. Il faut qu'il en trouve soit par voie d'emprunt, soit par voie d'aliénation d'une portion de ses propriétés, foncieres ou mobilières; on a beau se mettre l'esprit à la torture, il faut toujours en venir à faire ressource de ce qu'on a pour se libérer, et il vaut beaucoup mieux s'exécuter soi-même que de se laisser exécuter.

Quelques personnes pensent que la quantité de
numéraire en circulation sera insuffisante dans la
position où nous nous trouvons ; si on reconnaissait
qu'il fût indispensable d'y suppléer, je ne pense
pas que ce pût être par un papier-monnaie ayant
un cours forcé, quand ce serait même des obli-
gations territoriales, parce que ces papiers ne pourraient pas se réaliser en numéraire à la volonté des
porteurs. Je crois que pour remplir cet objet, on
pourrait émettre des billets de la dette publique,
représentant une somme d'inscriptions mobilières
sur le grand livre ; les inscriptions représentées par
ces billets seraient mises en dépôt, et cesseraient par
conséquent d'être négociables ; les billets de la dette
publique ne seraient émis que dans une quantité
strictement nécessaire pour suppléer à l'insuffisance du numéraire ; ces billets porteraient des
coupons d'intérêt à quatre pour cent, et auraient
un cours libre ; ils circuleraient pour la valeur qu'ils
auraient sur la place : cette valeur ne serait sû-
rement pas moindre que celle des inscriptions
qu'ils représenteraient. Si on parvenait à faire re-
monter au pair les inscriptions mobilières, ou à un
cours approchant du pair, ces billets de la dette
publique qui auraient la même valeur, suppléeraient
efficacement à l'insuffisance du numéraire.

Je propose de soumettre à une taxe de guerre
ceux des propriétaires fonciers ou autres qui ne se

muniraient pas d'inscriptions immobilisées, dans la proportion déterminée suivant leur fortune, c'est-à-dire, à la somme annuelle d'intérêts de la quote-part de la dette immobilisée, afférente à leurs propriétés, qu'ils payeraient annuellement jusqu'à ce qu'ils eussent annexé à leurs propriétés leur quote-part de la dette à immobiliser : cette taxe ne pourrait être payée qu'en billets de la dette publique, valeur nominale.

Je crois qu'il pourrait encore être utile à la circulation de délivrer aux créanciers de l'état, et aux fonctionnaires publics, des billets du trésor royal pour une année d'avance de leurs rentes, pension ou traitement, et qui séraient payés en numéraire aux époques où se font ordinairement les payemens; les créanciers ou fonctionnaires garderaient, selon leur convenance, ces billets, ou les donneraient de gré à gré en payement à ceux de leurs créanciers qui voudraient les recevoir, ou ils pourraient les faire escompter au besoin. Il faut tendre à augmenter la circulation par tous les moyens praticables et capables d'accroître la force vitale du corps social.

On pourrait aussi tirer un grand parti de la banque de France, en étendant ses opérations dans toutes les grandes villes du royaume; c'est avec beaucoup de raison que quelqu'un a dit que cette banque n'est pas la banque de France, mais qu'elle n'est que la banque de Paris. On dit qu'elle a déja fait en vain la tentative d'établir des comptoirs dans les villes de Lyon, Lille et Rouen, et qu'ils n'y ont eu aucun succès; mais quand on veut implanter de nouveaux établissemens dans des lieux où on n'en a pas encore apprécié les avantages, il faut de la ténacité : on ne doit pas s'arrêter aux premières difficultés, se rebuter après un simple essai; on parviendra par une constance courageuse à surmonter l'obstination des hommes qui s'opposent au bien qu'on veut leur faire; il faut, pour ainsi dire, travailler à leur bonheur malgré eux; on doit imiter l'exemple d'une tendre mère qui ne se lasse pas de venir au secours de ses enfans lors même qu'ils repoussent ses soins obligeans. Quand même le gouvernement serait obligé de faire des sacrifices pour seconder la banque, tôt ou tard sa persévérance serait couronnée d'un succès qui ferait ensuite bénir sa prudente prévoyance.

RÉSUMÉ.

Article premier.

Tout propriétaire foncier, tout Français et régnicole, propriétaires de rentes sur l'Etat ou sur particulier, tout manufacturier, commerçant, négociant, capitaliste, se pourvoira d'inscriptions sur le grand

(13)

livre de la dette publique, qu'il fera immobiliser en capital jusqu'à concurrence d'un vingtième de la valeur de ses propriétés.

Art. II.

Il sera payé une contribution d'un cinquième du revenu des inscriptions immobilisées.

Art. III.

A l'égard des immeubles, chaque rente immobilisée sera annexée à la propriété, de manière qu'elle ne pourra être aliénée qu'avec l'immeuble auquel elle restera annexée jusqu'à l'amortissement.

Art. IV.

A l'avenir aucun immeuble, pour lequel on ne se serait pas conformé à l'article 1er, ne pourra être aliéné à quelque titre que s'en fasse la transmission, même par succession, qu'en annexant à l'immeuble aliéné, soit de la part du vendeur, soit de la part de l'acquéreur, une somme en inscriptions immobilisée pour la valeur en capital d'un vingtième de la valeur de la propriété.

Art. V.

Tout fonctionnaire public, non soumis à fournir un cautionnement, sera tenu de justifier qu'il est propriétaire d'inscriptions immobilisées en rentes, au moins pour un tiers de son traitement.

Art. VI.

Il pourra être créé des billets de la dette publi-

que jusqu'à la concurrence d'une somme de huit
cent millions; ces billets représenteront une pa-
reille somme en capital d'inscriptions mobilières
avec lesquelles ils auront été échangés; lesdites inscriptions resteront en dépôt, et ne pourront être
négociées tant que les billets qui les représenteront seront en circulation.

Art. VII.

Ces billets de la dette publique porteront des
coupons d'intérêt à quatre pour cent; ils auront
un cours libre suivant le cours de la place.

Art. VIII.

Tout propriétaire désigné dans l'article 1ᵉʳ, qui
ne se sera pas pourvu d'inscriptions, pour un vingtième de la valeur de ses propriétés, et qui ne les aura
pas fait immobiliser, et les propriétaires fonciers
qui ne les auront pas fait immobiliser et annexer à
leurs propriétés, seront soumis à une taxe de guerre,
qui sera d'une somme annuelle d'intérêts de la quote-part de la dette à immobiliser, afférente à leurs
propriétés, et qu'ils payeront annuellement, jusqu'à
ce qu'ils aient satisfait aux dispositions de l'article 1ᵉʳ.

Art. IX.

Cette contribution ne pourra être payée qu'en
billets de la dette publique, valeur nominale.

Art. X.

Il sera créé des tontine spar classes de trente têtes;

chaque classe sera de personnes de même âge et de même sexe, ou de différens âges et de différent sexe, au gré de ceux qui voudront s'y intéresser; le fonds de ces tontines sera payé en inscriptions valeur nominale.

ART. XI.

Il sera délivré aux créanciers de l'état, aux pensionnaires et aux fonctionnaires publics, des billets du trésor royal pour une année d'avance de leurs rentes, pension ou traitement; ces billets seront acquittés en numéraire au porteur, aux époques que se font ordinairement les payemens.

ART. XII.

Il sera pris des mesures pour que la banque de France étende ses opérations dans toutes les grandes villes du royaume.

G.-J. ANDRÉ-PONTIER.

Paris, le 15 octobre 1816.

FIN.

DE L'IMPRIMERIE D'ADRIEN EGRON.